LA

QUESTION THÉATRALE

THÉATRE D'ALGER

SE VEND AU PROFIT DU DÉPOT DE MENDICITÉ. PRIX : 20 CENTIMES

ALGER
IMPRIMERIE DE L'ASSOCIATION OUVRIÈRE, V. AILLAUD ET Cⁱᵉ
Rue des Trois-Couleurs, 19.

1875

LA
QUESTION THÈATRALE

THÉATRE D'ALGER

SE VEND AU PROFIT DU DÉPOT DE MENDICITÉ. PRIX : 20 CENTIMES

ALGER
IMPRIMERIE DE L'ASSOCIATION OUVRIÈRE, V. AILLAUD ET Cie
Rue des Trois-Couleurs, 19.

1875

AU LECTEUR

Nous croyons devoir rééditer dans une brochure les divers articles publiés par le *Moniteur de l'Algérie* sur la question théâtrale.

Nous ajoutons à ces articles celui que nous avions livré le 26 avril à la rédaction de ce journal, et qui n'a paru que dans le numéro du 6 mai.

Nous complétons enfin notre travail par les diverses considérations que nous tenions en réserve.

Lorsque nous avons entrepris de traiter la question du théâtre d'Alger, nous pensions, comme nous le pensons encore, faire une œuvre honnête, susceptible de rendre service à nos concitoyens, d'éclairer la municipalité sur la situation réelle de la scène algérienne et de prémunir loyalement les Directeurs futurs contre les dangers d'une exploitation aveuglément entreprise.

Par cette publication dont tous les éléments seront réunis en un seul faisceau, nous arriverons (c'est du moins notre espoir) à faire connaître à nos lecteurs toutes les raisons qui nous ont inspiré dans cette étude, et nous avons tout lieu de croire qu'elles seront assez puissantes pour modifier une situation qui s'est malheureusement trop longtemps prolongée, au détriment de tous les intérêts.

Heureux si nos efforts contribuent à donner au théâtre d'Alger une impulsion sérieuse, qui le place enfin au rang qui lui convient et qu'il a le droit de revendiquer.

LA
QUESTION THÉATRALE

THÉATRE D'ALGER

Moniteur du 11 avril 1875.

Dans un article que nous avons publié, il y a quelque temps, nous nous sommes occupé, un peu trop succinctement, peut-être, de la question théâtrale, malgré notre désir de la traiter avec détails et de la couler à fond.

Le moment présent nous paraît, on ne peut plus opportun, pour combler la lacune et faire connaître à nos lecteurs et à tous ceux qui s'intéressent à la scène algérienne, ce que nous pensons de cette exploitation.

La décadence constante du théâtre d'Alger n'est plus à démontrer ; la réputation peu honorable qu'il acquiert tous les jours vis-à-vis du monde artistique ne nous permet pas de retarder plus longtemps les observations et déclarations que nous impose une situation aussi triste.

Messieurs les abonnés peu satisfaits des plaisirs que lui ont procurés et lui procurent certains *impresarii*, sont enfin sortis de leur torpeur.

Nous félicitons sincèrement ces messieurs d'avoir compris qu'ils étaient autre chose qu'un appoint pour les recettes théâtrales.

Leur protestation contre la direction actuelle portera ses fruits, et, quoique nous ne soyons pas tout à fait partisan des décisions qu'ils ont prises et des conclusions de leurs délibérations, nous sommes cependant heureux de constater qu'en agissant, même comme ils l'ont fait, ces messieurs ont, par leur adhésion et leur entente, formé une ligue pacifique et sérieuse dont les conseils et les avis seront assurément écoutés et respectés dans l'avenir.

Nous croyons, en effet, — et ceci soit dit, sans que nous puissions être accusé un seul instant d'opposition systématique, — nous croyons que messieurs les abonnés n'ont pas attaqué, comme ils pouvaient le faire, la corde sensible de la question, le côté faible de cette importante affaire.

Pour nous qui ne cédons à aucun sentiment de sympathie ou d'antipathie pour les entrepreneurs du Théâtre, et qui les considérons, avant tout, comme des négociants et non comme des artistes, nous ne pouvons franchement, sans faire une entorse à nos convictions, rendre les directeurs exclusivement responsables de la décadence marquée de notre scène.

Nous admettons très volontiers qu'il existe des impresarii plus actifs, plus intelligents, plus adroits, plus honnêtes et plus jaloux de leur réputation que d'autres ; mais pour rendre au Théâtre d'Alger la place qui lui convient et qu'il a le droit d'occuper, nous affirmons que les Perrin et les Halanzier eux-mêmes seraient dans l'impossibilité de triompher des obstacles qu'il rencontre.

Pour bien développer notre pensée et notre opinion, nous diviserons ce petit travail en trois questions :

1° Y a-t-il possibilité, avec la *situation actuelle*, d'obtenir une troupe théâtrale supérieure à celle que nous venons d'apprécier et d'entendre ?

2° Quels sont les résultats de dix années d'exploitation et, notamment des sessions théâtrales de 1870-1874, jusqu'à aujourd'hui ?

3° Quel est le remède infaillible à cette situation et quelles sont les mesures à prendre pour arriver au but tant désiré et si désirable !

Les renseignements que nous aurons l'honneur de soumettre à nos lecteurs et à messieurs les abonnés, seront puisés aux meilleures sources et à l'abri de toute critique et de toute objection.

Nous aborderons très prochainement le premier point de cette thèse.

Moniteur du 15 avril 1875

Nous avons promis de revenir sur ce sujet et d'épuiser nos idées en ce qui le concerne. Le moment est des plus opportuns pour cela. S'expliquer plus tard ce serait peut-être trop tard. La population nous saura gré d'essayer de mettre un terme à ces travestissements burlesques de l'art dramatique et lyrique sur la principale scène de l'Algérie, et d'empêcher qu'à l'avenir on ne lui fasse regretter son temps et son argent.

Les deux premières questions posées dans notre dernier article sont ainsi conçues :

1° Y a-t-il possibilité, avec la situation actuelle, d'obtenir une troupe théâtrale supérieure à celle que nous venons d'entendre et d'apprécier ?

2° Quels sont les résultats des dernières années, et notamment des campagnes théâtrales de 1870-1871 jusqu'à aujourd'hui ?

La corrélation et la connexité de ces deux questions ne nous permettent pas de les séparer. Nous les traiterons donc ensemble.

Il ne nous convient pas de nous lancer dans des raisonnements qui trouveraient des partisans, mais aussi, sans doute, des adversaires.

Nous voulons marcher droit à notre démonstration, en laissant de côté toute autre polémique dont le résultat serait d'opérer une diversion stérile, et, pour ce faire, nous laisserons la parole à MM. les chiffres. Répétons qu'ils ont été puisés à la meilleure source et que nous en garantissons la parfaite exactitude.

Afin de ne pas nous reporter à des temps trop reculés, et qui produiraient, en dernière analyse, les mêmes résultats que ceux que nous allons mettre sous les yeux de nos lecteurs, nous nous sommes exclusivement occupé des cinq dernières années de l'exploitation.

Trois administrateurs ont, depuis 1870-1871, tenu le sceptre directorial. Voyons comment chacun de ces messieurs a conduit son entreprise.

Lorsque nous aurons constaté le produit obtenu et pris une moyenne sur le résultat des cinq années qui viennent de s'écouler, nous présenterons à nos lecteurs un tableau de troupe, peu susceptible de modification. Il démontrera d'une façon presque indiscutable quelles sont les dépenses obligatoires incombant à un impresario, non pour former une troupe supérieure et digne à tous égards de la métropole algérienne, mais pour constituer un noyau très-modeste, capable de figurer à côté des compagnies artistiques de Béziers, Nantes, Carcassonne, Avignon, Angers et autres localités de même catégorie.

Ces deux points acquis, le lecteur pourra très-aisément répondre à la première question :

Y A-T-IL POSSIBILITÉ, AVEC LA SITUATION ACTUELLE, D'OBTENIR UNE TROUPE THÉATRALE SUPERIEURE A CELLE QUE NOUS VENONS D'ENTENDRE ET D'APPRECIER ?

Voici donc le produit brut des cinq dernières années.

Année 1870-1871,	gestion Alméras	...	129.600
— 1871-1872,	—	..	153.600
— 1872-1873,	—	...	159.600
— 1873-1874,	—	...	148.800
— 1874-1875,	— Ben-Aben	...	153.600
Produit brut des cinq années...			745.200

Dont le cinquième est 149,040 fr.

Cette moyenne de 149,040 fr., non compris bien entendu, le montant des deux subventions, serait évidemment fort belle si elle n'était soumise à des diminutions désastreuses. Ces diminutions forcées sont en majeure partie la conséquence des clauses et conditions du cahier des charges. Les voici :

Nous disons : Produit brut. 149.040

1° Dixième du droit des pauvres :

Année... ...	1870-1871	10.800
—	1871-1872	12.800
—	1872-1873	13.300
—	1873-1874	12.400
—	1874-1875	12.800
Produit net de cinq années.		62.100
Dont le cinquième est		12.420

Produit annuel (défalcation faite du droit des pauvres).... .... 136.620

2° Dixième du droit de commune :

A reporter......... 136.620

	Report............		136.620
Année......... ..	1870-1871.......	10.800	
Id.............	1871-1872...... .	12.800	
Id.............	1872-1873.......	13.300	
Id...	1873-1874..	12.400	
Id..... ..;....	1874-1875.......	12.800	
Produit des 5 années............		62.100	
Dont le 5ᵉ est.................			12.420
Produit net (défalcation faite du droit de commune)..................			124.200

3° Droits d'auteur à raison de 6 0/0 sur les recettes dégrevées du droit des pauvres et du droit municipal.

Année........	1870-1871.......	6.480	
Id.....	1871-1872...... .	7.680	
Id.	1872-1873...... .	7.980	
Id...........	1873-1874.......	7.440	
Id...........	1874-1875...	7.680	
Produit de 5 années........		37.620	
Dont le 5ᵉ est.................			7.452
Produit net des recettes pour le directeur			116.748
Ajoutons maintenant le montant des deux subventions, dont la moyenne invariable est de..			60.000
Et nous aurions comme chiffre réel et comme produit certain pour chaque année, la somme de.....			176 748

En divisant ce produit annuel par 6, puisque la saison théâtrale est de 6 mois, nous sommes amené à constater que le produit mensuel du Théâtre d'Alger, depuis une période de cinq années a été de 29,458 fr.

Passons aux frais généraux.

Les frais généraux sont la pierre d'achoppement des directeurs. Ils se sont élevés, sous l'administration Alméras, jusqu'à 5,000 fr. par mois, mais il faut les réduire.

Le personnel : chœurs, orchestre, artistes, sous l'administration Alméras, — année 1872-1873, a coûté 27,000 fr.

Les frais absorbent donc les recettes ; il ne reste rien pour les bénéfices de l'exploitation.

Que peut faire un Directeur en présence d'une telle situation, et que doit-on faire pour la lui épargner ainsi qu'au public ?

Dans le numéro de demain nous nous occuperons du troisième point de notre travail.

Moniteur du 18 avril 1875.

Nous avons démontré que le produit mensuel du théâtre d'Alger depuis 1870-1875 a été de 29,458 fr., somme évidemment insuffisante pour faire face aux frais généraux et au traitement des artistes de la scène et de l'orchestre. Jamais un directeur soucieux de sa réputation, de ses devoirs, de son amour-propre et de sa fortune, laborieusement acquise — ne s'engagera, le cœur léger, dans une entreprise au but de laquelle se trouvent forcément la ruine et le discrédit. Il voudra au contraire que ses peines et soins, son expérience et son talent aient une compensation en perspective ; s'il risque un capital, c'est à la condition qu'il y aura vingt chances de gain sur une seule de perte, le travail et le savoir faire aidant.

On dira peut-être : « De quoi vous préoccupez-vous ? C'est au dir cteur de calculer ; tant pis pour lui s'il fait une mauvaise affaire. Aux conditions précitées, on a trouvé des candidats et on en trouvera encore. »

Nous n'en doutons point ; mais voyez dans quel état se trouve notre scène, après avoir fourni plusieurs campagnes dont il est si douloureux de se souvenir. Il ne s'agit pas de trouver un directeur de nom, mais un directeur de fait ; un homme rompu au métier, ferme, actif, appréciateur éclairé du mérite des artistes qui concourront à former sa troupe.

Or, vous ne le trouverez pas celui-là, surtout avec les précédents que nous avons rappelés. Tenez pour certain que tout candidat qui se présenterait nonobstant, serait un homme aveugle, incapable ou n'ayant rien à perdre. Il n'y a pas de milieu entre les bonnes garanties accompagnées d'exigences légitimes et les promesses d'aventures qui se font sans marchander.

Il n'était pas difficile de prévoir les conséquences désastreuses du dernier cahier des charges. La municipalité d'Alger avait fait trop de zèle, en poussant le sentiment des intérêts de la caisse municipale jusqu'à la rapacité. Qui veut trop avoir souvent n'a rien. Relisez, messieurs les édiles, la *Poule aux œufs d'or*. Mais quoi ! auriez-vous encore besoin d'une leçon sous forme d'apologue ? L'école que vous avez faite ne vous suffirait-elle pas encore ?

Reconnaissons tout de suite que vous avez le bon esprit de vous rendre à l'évidence, puisque vous êtes en train, à cette heure, de remplacer ce fameux cahier des charges qu a fait notre désespoir. Serez-vous plus heureux cette foi que la première ? Pour notre part, nous n'en doutons point D'aucuns prétendent cependant que ce sera toujours le mê me, sauf de légers détails, comme le manche du couteau à

Bilboquet. Vous ne trouveriez pas d'autre moyen de parer à l'insuffisance des ressources que de supprimer du programme de sa partie la plus essentielle ! Vous feriez, en un mot, des économies sur le menu ! Si tel est votre dessein, le remède serait pire que le mal.

Le théâtre d'Alger n'est pas celui de Carpentras. On ne donne pas une subvention considérable, on n'a pas fait construire un superbe monument, enfin, on ne s'appelle pas Alger pour tomber à ce degré de décadence scénique. Mieux vaudrait fermer le théâtre tout de suite et conférer à la Perle, qui ne touche pas de subvention et qui paye un loyer considérable de salle le privilège de nous servir la comédie et le vaudeville.

Mais vous ne l'entendez pas ainsi, ou du moins, vous vous réservez de soumettre le projet, élaboré au sein de votre commission, à une sorte d'enquête de *commodo* et *incommodo*.

Nous pouvons donc exprimer, par anticipation, un avis personnel, si nous sommes fondé à nous attribuer en toute propriété le résultat d'impressions recueillies de plusieurs personnes compétentes.

Le nouveau cahier des charges, doit laisser au directeur pleine et entière liberté d'action. Il est juste que celui qui a la responsabilité d'une entreprise en ait la direction absolue. Le rôle de la municipalité consiste à surveiller et à exiger, au besoin, la stricte exécution du traité. Nous n'admettrons jamais que l'on conserve un conseiller municipal délégué à l'inspection des coulisses avant, pendant et après les représentations.

Le cahier des charges, disons-nous doit être strictement exécuté. Pour ce, il devrait ne renfermer que des conditions exécutables et ne pas jeter de bâtons dans les roues de la direction. L'ancien cahier des charges n'a jamais été exécuté ni pour les débuts, sur lesquels nous reviendrons, ni pour la composition de la troupe et de l'orchestre imposés, ni pour d'autres détails de moindre importance,

On est arrivé jusqu'à la fin des saisons theâtrales sans avoir pu terminer les débuts et composer un personnel définitif. Est-ce vrai ?... Mais comment sévir contre un directeur qui vous oppose le *non possumus* d'une caisse vide ! Il faut un directeur qui offre, non de la surface physique, mais de la surface pécuniaire ; un homme auquel on puisse appliquer utilement, le cas échéant, les clauses pénales du contrat.

Tout est dans le choix du candidat, et le choix ne pourra être fait selon les intérêts du théâtre, de la population et des nombreux étrangers qui viennent visiter Alger, que lorsque les conditions seront accessibles à la spéculation prévoyante, et les préférences personnelles tout à fait mises de côté.

Il faut donc, en ce qui concerne le premier point, nous ne dirons pas assurer, mais rendre l'exploitation rémunératrice. C'est facile : Supprimez le droit de commune de 10 %.

Vous vous écrierez : « Comment ferons-nous pour subvenir à l'entretien du théâtre ? » Oh ! ce n'est pas l'entretien du théâtre qui coûte beaucoup. Depuis 5 années, le droit de commune a produit 62,100 fr. Cette somme considérable n'a pas été entièrement employée à l'entretien du théâtre, et nous ne voyons pas pourquoi le théâtre supporterait des dépenses qui lui sont étrangères.

Voilà donc 12,420 fr. qui seraient ajoutés au budget du Directeur, — On aurait alors une troupe convenable, non-seulement de comédie, de drame, de vaudeville, d'opéra-comique, mais encore de grand-opéra, et un ballet ! Or, les bonnes représentations font les bonnes recettes. Rappelez-vous l'année 1868-1869, administration Vachot avec l'*Africaine*, et l'année 1872-1873, administration Alméras, avec Mmes Soustelle, Alaiza, M. Pons, etc.

Il n'est pas nécessaire, sans doute, d'ajouter que les bonnes recettes grossissent le droit des pauvres, et que l'augmentation proportionnelle de ce droit compenserait, jusqu'à un certain point, pour la Commune, l'abandon du dixième qui lui est propre.

Moniteur du 21 avril 1875

La protestation semi-ironique de M. Mallarmé nous a mis en belle humeur. Notre entrefilet du 15 avril, qui pourrait bien être le résultat d'une indiscrétion commise fort innocemment par l'un de ses collègues, a légèrement agacé les nerfs de notre jeune édile.

Ne nous plaignons point de sa boutade ; considérons-la, au contraire, comme d'un excellent augure pour l'avenir.

M. Mallarmé, sous l'impression de nos quelques lignes, « COMPTE BEAUCOUP, POUR S'ÉCLAIRER, SUR LA LUMIÈRE ÉCLATANTE, QUE LE PROCHAIN ARTICLE DU MONITEUR DOIT JETER ENFIN SUR LA QUESTION THÉÂTRALE. »

Nous sommes trop modeste pour entretenir chez lui une pareille espérance. Il n'y a pas de pire sourd que celui qui ne veut pas entendre, et, malgré la bonne volonté que pourra déployer M. Mallarmé en cette circonstance, nous craignons qu'il ne parvienne pas à persuader et convaincre ses deux honorables collègues.

Quoi qu'il doive arriver, remercions encore une fois M. Mallarmé de ses excellentes intentions et de ses généreuses promesses.

Accueillir les avis de toutes les personnes qui s'intéressent au Théâtre, est assurément une idée très large et très libérale ; mais nous eussions préféré que la commission désignée pour la révision du cahier des charges, ne fût pas exclusivement composée de conseillers municipaux. Il nous semblait naturel d'appeler au sein de cette commission, des représentants de toutes les parties contractantes.

L'Etat et les abonnés n'ont-ils pas droit de figurer dans cette commission, avec voix délibérative, bien entendu ?

Cette pensée — en ce qui concerne MM. les abonnés, du moins — était celle de M. le Maire, lorsqu'il invitait, il y a quelques jours, le président et le vice-président de la Commission des abonnés à choisir trois délégués parmi les membres de cette commission, dans le but de les adjoindre à la Commission municipale.

Si le chef de la municipalité a informé MM. Le Lièvre, Mallarmé et Alphandéry de ce désir et de cette promesse, il est évident que nos expressions d'ABSOLUTISME et d'EXCLUSIVISME se trouvent parfaitement justifiées, puisque MM. les Président et vice-Président n'ont reçu à cet égard aucune invitation officielle.

Si M. Mallarmé et ses collègues connaissaient ce détail important (et M. le Maire n'a pu le leur laisser ignorer), il était, nous paraît-il encore, de la plus simple convenance de prévenir ces messieurs des jour, heure et lieu de la réunion de la Commission municipale.

Il est temps encore de donner suite aux promesses de M. le Maire ; mais la Commission y consentira-t-elle ?

Quant à l'Etat, il ne peut sans être taxé d'insouciance, ne pas exiger une intervention directe et sérieuse dans la révision projetée.

Nous n'avons pas oublié la vive discussion qui a eu lieu,

l'année dernière, au Conseil supérieur, à propos de la subvention théâtrale.

Le parti décentralisateur, pour lequel le Gouvernement général est un perpétuel cauchemar, fit, à cette époque, les plus grands efforts pour priver le théâtre d'Alger de cette indispensable subvention. Après de longs débats, la majorité du Conseil se prononça, il est vrai, pour le maintien, mais est-il bien certain que la prochaine assemblée suivra les mêmes errements ?

Quelqu'un de très-sensé nous disait, il y a quelques jours, que la ville d'Alger tendait constamment à se DÉCAPITALISER.

Nons sommes complètement de cet avis.

Les doléances légitimes du public, la décadence progressive de notre scène, les pertes constantes des directions, la mauvaise composition des troupes théâtrales, toutes ces raisons irréfutables, ne seraient-elles pas une arme terrible entre les mains des adversaires de la subvention gouvernementale, pour en démontrer l'inutilité?

Si MM. Mallarmé, Le Lièvre et Alphandéry, veulent donner à la ville d'Alger, une preuve certaine de leur dévoûment et de leur affection, qu'ils réfléchissent sérieusement sur les conséquences que pourrait avoir la suppression de la subvention de l'Etat. Nous comptons pour cela sur leur bon sens et sur leur patriotisme.

Les observations et considérations qui précèdent, nous ont éloigné de cet article. Nous nous empressons d'y revenir.

Nous avons pris l'engagement, dans le numéro du jeudi, 15 avril, de présenter à nos lecteurs un tableau de troupe peu susceptible de modification.

Nous avons ajouté que ce tableau démontrerait, d'une façon presque indiscutable, quelles étaient les dépenses indispensables qui incombent à un impresario, non pour former une troupe superieure et digne à tous égards de la capitale algérienne, mais pour constituer un noyau très modeste, capable de figurer à côté des compagnies artistiques de Béziers, Nantes, Carcassonne, Avignon, Angers et autres localités de même catégorie.

Le moment est venu d'exposer ce tableau. Nous nous occuperons plus tard des conséquences qui en découleront.

Etat des frais mensuels d'une troupe de grand opéra, opéra-comique, opérette, drame, vaudeville et comédie.

Un fort ténor chantant les traductions........	1.500
Un ténor léger chantant les traductions et doublure au besoin............................	1.200
Un 2ᵐᵉ ténor, 1ᵉʳ ténor d'opérette............	700
Un 3ᵐᵉ ténor coryphée genre (Metzler).........	250
Une basse profonde.......................	900
Une basse chantante......................	600
Une 2ᵐᵉ basse tablier..	400
Une 3ᵐᵉ basse coryphée, chantant dans les chœurs et l'opérette........................	180
Une forte chanteuse, Falcon et Stoltz.........	1.000
Une chanteuse légère.....................	1.500
Une dugazon, chanteuse d'opérette...........	900
Une jeune chanteuse, 2ᵐᵉ chanteuse opéra et opérette...................................	500
Une 2ᵐᵉ dugazon jouant les dugazons d'opérette et les soubrettes dans la comédie.............	400
Une 2ᵐᵉ et 3ᵐᵉ dugazon coryphée dans l'opéra, opérette, les amoureuses, coquette de vaudeville et	
A reporter........	10.030

Report............	10.030
drame, chantant les chœurs..................	180
Un premier rôle de drame et de comédie......	450
Un jeune premier rôle, fort jeune premier....	300
Un jeune 1er fort second amoureux, chantant dans l'opérette.............................	250
Un second amoureux opérette...............	180
Un 1er rôle marqué père noble.............	250
Un grand 3e rôle, 2e 1er rôle, rôles de genre...	225
Un grand 1er comique en tous genres, les trial, opéra et opérette............................	400
Un 1er comique marqué Laruette, opéra, opérette...............................	400
Un jeune comique fort second opérette......	200
Un financier grime, opérette avec la 2e régie...	250
Un second père, grande utilité, opérette......	150
Un premier rôle femme, les grandes premières coquettes de comédie......................	500
Un jeune premier rôle forte 1re des coquettes..	350
Une ingénuité, jeune 1re chanteuse opérette....	250
Une coquette 2e 1er rôle, 2e soubrette.........	200
Une duègne, mère noble grand opéra, opéra comique, opérette, drame, etc.................	350
Une 2e duègne caricature (opérette)..........	125
Quatorze choristes hommes à 130 fr. l'un, en moyenne..................................	1.820
Dix choristes femmes à 150 fr...............	1.500
Un régisseur...........................	500
Un régisseur des chœurs..................	180
Un souffleur, copiste et chef des comparses....	130
Un chef d'orchestre......................	500
A reporter........	19.670

Report........	19.670
Un 2ᵉ chef...	250
Un donneur d'accessoires......	70
Un contrôleur en chef.....................	150
Un costumier.......................	140
Un luminariste....	180
Un balayeur de salle.......	60
Huit habilleuses à 15 fr. l'une..............	120
Buralistes et hommes de poste.....	300
Trois garçons de théâtre, à 70 fr. l'un........	210
Cinq machinistes à 100 fr. l'un..	500
Un chef machiniste.......	200
Deux pompiers permanents, jour et nuit......	180
Un caissier teneur de livres................	200
Un coiffeur..........	80
Un afficheur...........	60

BALLET

Un 1ᵉʳ danseur en tous genres, maître de ballet................	350
Une 1ʳᵉ danseuse noble................ ..	450
Une danseuse demi-caractère	250
Une 2ᵉ danseuse.......................	240
Un danseur comique.....................	240

ORCHESTRE

Déduction faite des 1ᵉʳ et 2ᵉ chefs portés ci-dessus ....·........	3.850

Si ce chiffre donnait lieu à la moindre observation, nous le justifierons par des détails.

FRAIS DE SOIREE

Ces frais se composent·en temps ordinaires du

A reporter........	27.750

Report..	27.750

droit fixe de la société des compositeurs, de la garde, des pompiers, des figurants, du luminaire, des accessoires, de l'artificier, des affiches et prospectus, du service journalier et des aides machinistes.

Pour rester dans une limite raisonnable, nous les porterons à la somme de 150 fr. par représentation. La moyenne annuelle des représentations étant de 102 nous aurons pour l'année 15,300 fr. dont le 6ᵉ est de...................... 2.550

Total des dépenses mensuelles obligatoires de.. 30.300
Est-ce tout ? Hélas non !

Nous sommes obligé de scinder encore cette étude, vu la longueur du présent article.

Moniteur du 25 avril 1875

Nos lecteurs se rappellent, sans doute, que les dépenses obligatoires pour la constitution d'une troupe théâtrale, bien modeste, dont les principaux éléments surtout ne sauraient être en harmonie avec les désirs du public et les exigences de notre scène, ont été fixés momentanément au chiffre de 30,000 fr.

Nous terminions notre dernier article de mercredi, 21 avril, par la demande et la réponse suivante :

« Est-ce tout ? Hélas ! Non. »

La somme mensuelle de 30,000 fr. ne renferme pas, en effet, toute la nomenclature des obligations inévitables qui sont imposées à MM. les Directeurs.

Il ne faut pas omettre certains déboursés inhérents à

l'exploitation elle-même et sans lesquels on risquerait fort, non-seulement de ne pas arriver à la composition d'une troupe, mais encore d'entraver bien souvent la marche d'un répertoire, lorsque le noyau artistique definitivement constitué se livre entièrement aux études et aux travaux que nécessitent les représentations.

Voilà pourquoi nous n'hésitons pas à mettre en ligne de compte :

1° Les frais de voyage des directeurs qui sont obligés de séjourner pendant deux ou trois mois à Paris, pour rechercher, entendre, juger et apprécier un grand nombre d'artistes, et traiter avec ceux qui lui paraissent les plus aptes à remplir les emplois qui leur sont dévolus.

2° Les frais de voyages des pensionnaires des directions, ainsi que le transport de leurs bagages ce qui n'est pas un mince tracas pour l'impressario.

3° Les frais d'impression des billets de théâtre, achats de contre-marques et de brochures, frais de bureau, dépêches télégraphiques et correspondance.

4° La location des costumes pour les pièces nouvelles que le directeur est obligé de monter, *tous les ans*, conformément au parage 3 de l'art. 26 du cahier des charges actuel ;

5° Le coût des partitions de ces ouvrages qui deviennent la propriété définitive de la municipalité, en vertu de la condition insérée dans le susdit article ;

6° La location des partitions des grands opéras, des opéras-comiques ou des opérettes que font jouer très souvent les directeurs et qui n'existent pas dans la bibliothèque du Théâtre ;

7° La confection de nouveaux décors lorsqu'ils sont utiles, le peintre décorateur n'étant chargé que de l'entretien de ceux qui sont la propriété exclusive de la municipalité ;

8° La création et l'entretien d'un magasin de costumes et d'accessoires. les costumes et accessoires de la municipalité étant depuis longtemps déjà, sans valeur et sans utilité ;

9° Le service médical et pharmaceutique ;

10° Les frais judiciaires.

11° Les frais de timbre, d'impression et d'enregistrement (pour la première année d'exploitation, du moins), résultant de l'article 31 du cahier des charges ;

12° Les frais d'administration pour la mise aux enchères publiques des loges soumises à cette formalité ;

13° La différence du taux de 3 0/0, payé à titre d'intérêt par le Mont-de-Piété sur le cautionnement de 15,000 fr., avec celui plus élevé assurément que produirait cette somme si elle était placée ailleurs ;

14° Le prélèvement mensuel que doit faire le directeur sur les produits de son exploitation, pour subvenir à ses besoins personnels ;

15° Enfin les dépenses imprévues.

Nous n'osons pas, vraiment, aborder le chiffre de toutes ces dépenses, non moins obligatoires que celles relatées dans notre relevé du 21 avril.

Il faut bien cependant donner une évaluation quelconque à tous ces frais.

Pour rester dans une limite raisonnable et ne pas nous attirer des observations qui pourraient, de prime abord, présenter et faire miroiter aux yeux d'une certaine catégorie de nos lecteurs, quelque semblant de vérité, nous fixerons le chiffre mensuel de ces dépenses, à la somme de deux mille francs.

Récapitulons.

Total des dépenses de notre relevé du 21 avril, en y ajoutant 800 fr. pour le baryton, que nous avons oublié d'y com-

prendre, 30,300 plus 800.................... 31.400
Total de l'évaluation de ce jour............. 2 000
                                    Ensemble........ 33.400 .
Recettes accusées dans le n° du 15 avril....... 29.458

Excédant mensuel des dépenses sur les recettes. 3.642

En multipliant ce dernier chiffre par 6, nous trouvons que la perte forcée que doit subir la direction, s'élève, pour chaque saison théâtrale, à la somme de 21,852.

Ce triste résultat nous suggère une foule de réflexions que nous ne pouvons soumettre, dès aujourd'hui à nos lecteurs sans abuser de leur bienveillance.

Formellement décidé à traiter la question théâtrale sur toutes ses faces, nous ferons tous nos efforts pour nous maintenir à sa hauteur. Fermeté, loyauté et impartialité, telle est notre devise.

Heureux si nous pouvons persuader au public que toute notre ambition et toutes nos aspirations tendent à conserver à la ville d'Alger le titre de métropole algérienne.

Au moment de mettre sous presse, nous apprenons que la commission municipale chargée de réviser le cahier des charges du Théâtre, vient de faire appel au concours de la Commission des abonnés. Nous devons féliciter MM. Mallarmé, Alphandéry et Lelièvre, au nom de MM. les abonnés et du public en général; ils donnent aussi témoignage de leurs excellentes intentions et du désir qui les anime d'accomplir utilement leur mandat spécial.

Article du 28 avril, inséré dans le MONITEUR du jeudi, 6 mai.

Nos calculs, que l'on ne pourra taxer d'exagération, nous ont amené à constater un déficit annuel de 21,852 francs.

Nous croyons que ce résultat répond d'une manière complète et mathématique à la principale question posée dans notre article du 11 avril et qui était ainsi conçue :

« *Y a-t-il possibilité, dans la situation actuelle, d'obtenir une troupe théâtrale supérieure à celle que nous venons d'entendre et d'apprécier ?* »

Après les documents que nous venons de fournir, poser la question, c'est la résoudre.

Il découle de la preuve donnée que non seulement il n'était pas permis à un directeur quelconque, *sous peine d'une ruine inévitable*, de comprendre dans la composition du noyau artistique des sujets autres que ceux qui nous ont été présentés, mais encore, qu'une amélioration, même la plus légère, est interdite à l'avenir tant que le cahier des charges n'aura pas subi une modification radicale.

De deux choses l'une : ou la municipalité, jalouse des intérêts de la cité et de ses concitoyens, désire un théâtre à la hauteur de leurs inspirations et de leurs vœux, ou bien cette même municipalité ne veut pas de théâtre.

Il y a deux solutions à ces deux manières de voir.

. La première se résume en deux mots :

« Qui veut la fin, veut les moyens. »

La seconde consiste à retirer toute espèce de subvention de l'Etat et subvention municipale, mais à la condition de laisser l'entrepreneur entièrement libre dans son exploitation.

Nous sommes loin, certes, de conseiller l'adoption de ce

second système ; mais si la municipalité est énervée par les soucis et les tracas que lui donne la question théâtrale, qu'elle n'hésite pas à jeter son bonnet par dessus les moulins ; les directeurs ainsi livrés à eux-mêmes ne lui feront pas défaut et la seule gracieuseté qu'ils pourront solliciter de sa bienveillance, sera la jouissance gratuite, absolue et sans entraves de l'immeuble théâtral et de ses dépendances.

Nous sommes peu partisan de cette deuxième solution dont le public algérien comprendra comme nous et la portée et les conséquences.

Il n'est pas sans intérêt de rappeler ici quelle a été depuis cinq ans, l'attitude de la municipalité en présence des désastres constants produits par cette exploitation.

Pendant que MM. les Directeurs subissaient, suivant leur degré d'intelligence et de capacité, la perte énorme de CENT DIX MILLE FRANCS environ, la municipalité satisfaite et radieuse à cause des traités consécutifs passés avec les impresarii, opérait sur les recettes théâtrales, la superbe razzia dont voici la nomenclature :

1° Au bénéfice des pauvres........	62.100	
2° Au bénéfice de la Commune.....	62.100	
Ensemble	124.200	124 200

Auxquels il faut ajouter nécessairement :

1° La retenue faite pendant 3 ans au directeur Alméras, conformément au paragraphe 2 de l'art. 18 du cahier des charges de cette époque, à raison de 1,200 francs par an, soit............... : 3.600

2° L'économie opérée par ladite municipalité pendant une période de 5 ans, à raison de 1,200 f. par an sur les émoluments du machiniste en chef,

A reporter....... 127.800

Report.......	127.800
soit....................................	6.000
3° Autre économie pendant la même période et par la même administration, sur le salaire accordé au pompier de jour et de nuit, à raison de 1,080 fr. par an........................	5.400
4° Retenue faite à l'administration Ben-Aben, en vertu du 5e paragraphe de l'article 20 du cahier des charges.........................	2.230
Total.......	144.430
En retranchant de cette somme celle du Bureau de bienfaisance, qui s'élève à............	62.100
Il reste au crédit et de la Caisse municipale, un reliquat de................................	79.330

perçus ou économisés pendant les cinq années d'exploitation, perception et économie dont le montant a dû être *spécialement consacré* a l'entretien du matériel à *l'usage exclusif* de l'exploitation (paragraphe 2, art. 18. Cahier des charges Alméras); aux réparations et ameliorations à l'immeuble théâtral, même paragraphe ; à l'entretien dudit immeuble et de son matériel mobilier (art. 23, 1er paragraphe. Cahier des charges Leroux ; et à l'intérêt du théâtre où toute autre dépense se rattachant à son exploitation (art. 21, 1er paragraphe. Cahier des charges Ben-Aben.)

Nous nous garderons bien de faire la moindre réflexion sur ce qui précède, mais il nous est impossible de ne pas supplier les membres de la Commission municipale, en la droiture desquels nous avons pleine et entière confiance. de nous fixer sur l'emploi réel de la somme que nous venons d'accuser.

A notre point de vue (très-erroné, peut-être) il nous parait qu'il doit encore exister un reliquat très-important dans la caisse municipale.

Nous serons réellement heureux si nos prévisions sont confirmées par la déclaration de MM. de la Commission municipale, car alors il nous sera très facile de proposer une combinaison qui conciliera et sauvegardera les intérêts de toutes les parties.

(Non inséré au Moniteur.)

Jeudi, 6 mai.

La troisième et dernière question que nous allons traiter, et sur les conclusions de laquelle le public serait fixé *depuis huit jours* au moins, sans les hésitations qui ont présidé à leur insertion dans le journal le *Moniteur*, est certainement la plus délicate et la plus intéressante.

Nous avons jusqu'ici, par les documents publiés et les preuves produites, signalé les causes multiples et indéniables qui s'opposent au succès et à la prospérité croissante de la scène algérienne.

Il importe de démontrer, *toujours par des chiffres*, que les obstacles dont s'agit peuvent être facilement vaincus.

La solution de cette question nous paraît si simple et si naturelle, que nous la considérons d'ores et déjà comme ne pouvant être rejetée par nos édiles.

Elle frappera sans doute l'esprit des hommes sérieux qui composent la Commission municipale et leur offrira l'occasion d'assurer d'une manière définitive et par l'adoption de bases inébranlables, l'existence et les progrès de notre Théâtre national.

Avant d'entrer en matière, nous prendrons la liberté de

rappeler à nos mandataires la supplique que nous avons eu l'honneur de leur adresser, au sujet de l'emploi réel des sommes perçues ou économisées par la municipalité.

Nous n'ignorons pas que le renseignement sollicité exige des recherches minutieuses et un examen très-sérieux.

Nous attendons dès lors avec patience le résultat des investigations qu'il nécessite, mais nous ferons remarquer, toutefois, qu'en thèse générale ne pas accéder aux vœux de l'opinion publique est une faute, et que cette faute devient plus grave, si on a l'air de répondre ironiquement ou par le silence, à de justes et légitimes revendications.

Dans le premier Alger de dimanche, 18 avril, nous disions que le choix du directeur futur ne pouvait être fait selon les intérêts du théâtre, de la population et des nombreux étrangers qui viennent visiter Alger, que lorsque les conditions du cahier des charges seraient accessibles à la spéculation prévoyante et qu'il renfermerait des clauses susceptibles de rendre l'exploitation rémunératrice.

Eh bien, ces conditions accessibles à la spéculation prévoyante, ces clauses susceptibles de rendre l'exploitation rénumératrice, sont faciles à trouver, les voici :

Les dépenses de l'exploitation théâtrale s'élevant à la somme de .... 33.100 »
Et les recettes à celle de............... 29.458 »

Il en résulte un déficit mensuel de. ..... 3.642 »

Il nous reste donc à démontrer que ce déficit peut être comblé et que cette lacune remplie, l'exploitation pourra encore présenter des chances très-probables et certaines de bénéfices pour les directeurs.

La preuve de la possibilité de niveler les recettes et dépenses est fort simple.

Il suffit :

1° De l'abandon en faveur du Directeur, par la Commune, du dixième que celle-ci perçoit ; ce dixième est évalué à .... 12.420 »

2° Du paiement par la municipalité des émoluments accordés au machiniste en chef et aux pompiers de jour et de nuit (ainsi que cela se pratiquait du reste sous l'administration Vachot, art. 23 paragraphe 5 du cahier des charges de cette époque), soit par an .... 2.280 »

3° De la restitution, au public payant, de la loge du Directeur (cette loge évaluée au plus bas prix à 1,200 fr.), ci.... .... 1.200 »

4° De la révision intelligente et nécessaire du tarif des places, révision qui, basée selon nous, sur des arguments irréfutables et d'une équité indéniable augmenterait, au minimum, les recettes annuelles de fr. .... 6.000 »

En additionnant ces quatre sommes, nous arrivons au chiffre de .... 21.900 »
Dont le sixième est de................. 3.650 »
Le déficit signalé ci-dessus étant de .. .... 3.642 »

Il resterait une légère différence de 8 fr. en faveur de la Direction.

Comme on le voit, l'équilibre est trouvé. Examinons maintenant quels pourront être les bénéfices de la Direction.

Nous placerons en première ligne :

1° Le prélèvement mensuel du directeur, prélèvement que nous avons porté au chapitre des dépenses, malgré les observations peu fondées de quelques esprits complètement étrangers aux choses commerciales.

Ce prélèvement étant de 400 fr. par mois, nous aurons donc

pour l'année............................... 2.400 »

2° Le produit des bals dont nous n'avons pas encore parlé et qui peut être évalué d'après les documents que nous avons sous les yeux et dont nous garantissons l'exactitude, à 1.800 fr. par an soit................................ 1.800 »

3° Le produit de la location de la buvette qui s'élève à............................... 600 »

4° L'augmentation forcée du nombre des places des secondes et des troisièmes, si l'on prend les mesures nécessaires pour éviter les inconvénients occasionnés par la position actuelle du lustre .... mémoire.

5° Le produit annuel des places occupées dans les deux loges d'avant-scène et la grande loge de face de balcon par des personnes étrangères à la famille des titulaires, produit évalué modestement l'année dernière à 3.000 fr. environ ci................................ 3.000 »

6° Enfin la différence résultant d'une administration probe, honnête, intelligente, capable et économe avec une administration qui ne possèderait pas ces qualités indispensables... mémoire.

Total des bénéfices certains, non compris les articles portés pour mémoire............. 7.800 »

Nous entendons déjà murmurer à nos oreilles certaines voix qui nous reprochent de ne pas mettre en ligne de compte tous les produits qui peuvent et doivent découler de l'exploitation théâtrale.

Nous avouons que ces murmures pourraient avoir quelque raison d'être, et pour les faire cesser nous nous empressons de mettre sous les yeux de nos lecteurs les quelques lignes que nous venons de rencontrer dans un charmant ouvrage, publié tout récemment, par M. de Lasalle, et portant pour titre : LES TREIZE SALLES DE L'OPÉRA. Nous copions textuellement :

« Il entrait dans la politique du premier (pour ne pas
» dire du seul) consul, dit M. Lasalle, que le spectacle de
» l'opéra fût très-brillant et devînt, en quelque sorte, l'in-
» dice d'une prospérité renaissante des affaires. Aussi, il le
» gratifia d'une subvention de six cent mille francs, chiffre
» important, si l'on considère la valeur de l'argent à cette
» époque.

» Par surcroît de faveur, il supprima aussi l'abus des
» loges occupées gratis par les grands dignitaires ; il voulut
» même payer la sienne, et il la fit porter à son compte
» pour quinze mille francs.

» C'était encore une centaine de mille livres de rentes
» qu'il fesait au théâtre des Arts. Il exigea cependant que
» tous les décadi, une loge fût réservée aux militaires qui
» etaient revenus aveugles de la campagne d'Egypte. »

(Non inséré dans le Moniteur.)

Mardi, 11 mai.

Les arguments dont nous allons nous servir pour justifier l'adoption des mesures que nous venons de proposer, méritent, selon nous, une attention toute particulière de la part de nos lecteurs.

Nous débuterons par celle qui est assurément la plus importante et la plus nécessaire.

Elle porte le n° 1 dans notre précédent article et repose

sur l'abandon en faveur de la direction, *du droit perçu par la commune.*

Une réponse très-spécieuse a toujours été faite à cet égard par les défenseurs obstinés de la création et de la perception de ce droit.

Le droit de commune, ont-ils dit et disent-ils encore, ne porte aucun préjudice aux recettes directoriales. Ce droit frappe directement l'habitué, l'abonné, le public, et sa perception se trouve complètement en dehors du prix net réservé à l'exploitation théâtrale.

Rien n'est plus vrai, rien n'est plus matériellement certain, et jamais fait au monde n'a été constaté avec plus d'exactitude, mais voyons les conséquences de cette création et de cette perception.

Pensez-vous, messieurs les avocats du décime communal, que cette innovation puisse aider la direction à nous donner une troupe théâtrale digne de la métropole algérienne ?

En d'autres termes, croyez-vous que le prix net recueilli par la caisse directoriale lui permette d'apporter une amélioration quelconque au noyau artistique ordinaire ?

Evidemment non ; nos chiffres, que personne n'a osé contester et que nous avons dépouillés des deux décimes et des droits d'auteur, sont là, intacts, pour vous prouver l'impossibilité radicale de cette amélioration.

Et cependant, c'est dans cette amélioration si ardemment poursuivie par nous que se trouve la seule question que doit se poser toute personne sincèrement dévouée aux intérêts de notre ville et possédant quelque sentiment de justice et de saine raison.

Quel est le but que nous voulons atteindre ? N'est-ce pas celui de la prospérité du théâtre ? Cette prospérité n'aurat-elle pas des conséquences heureuses pour nos concitoyens ? Faudra-t-il répéter ici, les avantages incalculables qu'elle pourra engendrer au profit de nous tous ? Sera-t-il nécessaire de rappeler le bien-être qu'elle introduira forcément dans une quantité de modestes ménages et les services qu'elle rendra à l'industrie, au commerce et à la classe ouvrière ?

Vous lésinez pour faire une concession annuelle de douze mille et quelques francs et vous paraissez ne pas vous douter que ce malheureux pécule peut provoquer en faveur de vos administrés et de la cité qui vous a élus, des bénéfices dont vous ne sauriez vous-mêmes limiter l'importance.

Et puis MM. les partisans et conservateurs de ce décime, avez-vous bien réfléchi sur la légalité de la création de cette mesure désastreuse ?

Ne pourrait-on pas vous accuser d'avoir commis, *involontairement*, sans aucun doute, et *inconsciemment*, une concussion ?

Les recettes de ce genre sont-elles prévues par la loi qui gère les communes et qui leur indique la nature de celles qu'elles ont le droit de percevoir ?

Pouvez-vous englober cette perception dans le chapitre des recettes connues sous le nom de *recettes accidentelles ?*

Votre persistance, depuis cinq ans, dans la perception de ce décime, n'est-elle pas une protestation constante contre cette classification ?

N'avez-vous pas enfin créé un impôt ? Ici, nous répondons affirmativement.

Etait-ce votre droit ? non, non, mille fois non !...

La création d'un impôt pour si minime qu'il soit, nécessite l'intervention du Conseil d'Etat, de l'Assemblée législative ; la vôtre n'a été soumise à aucune de ces formalités indispensables.

Le décime des pauvres existe en vertu de la loi du 7 frimaire, an V ; votre décime est le résultat d'une clause insérée dans un cahier des charges, rédigé par l'un d'entre vous, approuvé par le Conseil municipal et revêtu du visa préfectoral.

Y a-t-il la plus minime différence entre le décime des pauvres et celui de la commune ?

N'ont-ils pas tous les deux la même origine et les mêmes conséquences ?

Ne sont-ils pas perçus dans les mêmes formes, les mêmes conditions et par des agents spéciaux ?

Ne frappent-ils pas directement le même public, les mêmes personnes ?

Ne sont-ils pas prélevés de la même façon et sur les mêmes recettes ?

N'existe-t-il pas entre eux une identité complète ? Ne sont-ils pas enfin les *frères Siamois* du Théâtre national ?

Eh bien ! permettez-moi de vous le dire, le décime des pauvres est un droit peu agréable, il est vrai, mais légitimé par la loi, tandis que le décime communal n'est autre chose qu'un impôt dont la paternité nous est suspecte.

Voilà pourquoi nous ne cesserons de qualifier cette création d'illégale ; voilà pourquoi nous nous permettrons d'attirer sur elle l'attention de M. le Préfet actuel, et nous prierons ce haut fonctionnaire qui n'était pas encore le premier magistrat de notre département, lors des traités intervenus avec les directions antérieures, d'examiner avec soin et vos prétentions et les nôtres.

Le maintien de cette dîme est non-seulement un acte arbitraire, mais encore la cause principale de la décadence artistique du Théâtre et le seul obstacle qui s'oppose aux progrès indispensables que nous appelons de tous nos vœux.

Une autre objection nous sera faite. On nous parlera de la situation financière de la commune.

Cette situation est précaire, sans doute, mais n'y a-t-il donc aucun remède à ce malaise ? MM. les économistes ne trouveront-ils aucune combinaison pour sortir de cette impasse ?

Nous avons, par hasard, compulsé les rapports annuels présentés par le Maire au Conscil municpal, sur la gestion de nos affaires et nous n'avons pas été peu surpris d'apprendre que pour gérer des revenus qui s'élevaient en 1873, à la somme de 1,329,468 fr. 75 c., les frais d'administration étaient portés au chiffre de 651,597 fr. 50 c.

N'est-il pas possible d'améliorer cette situation ?

Nous avons également signalé comme moyen d'amélioration, la révision du tarif actuel des places.

Nous avons dit que cette révision devait être effectuée avec intelligence.

Il existe dans le cahier des charges une clause qui frappe, dès l'abord, l'esprit le moins clairvoyant ; nous voulons parler de celle qui autorise le doublement des loges et baignoires

Nous ne demanderons pas la suppression immédiate de cette faculté (cette suppression viendra à son tour), mais il est urgent de s'informer sérieusement du produit net qu'elle présente à la Direction.

Il est incontestable qu'à tous les points de vue. ces places sont les meilleures, les plus commodes et les plus confortables : il est également certain que les occupants ont le droit souverain de participer à l'admission ou au rejet des artistes, comment se fait-il, dès lors, que tous ces priviléges soient en raison inverse des résultats pécuniaires qu'ils offrent à la caisse directoriale ?

Cette anomalie que nous allons constater par des chiffres, doit-elle durer plus longtemps ?

N'est-il pas curieux d'apprendre, en se rémémorant le chiffre net du produit du Théâtre qui s'élève à
la somme de 149.040
que la part de l'abonnement est en moyenne de.. 32.000
c'est à dire d'un cinquième environ.

Pour justifier ce dernier chiffre, prenons sur le cahier des charges Ben-Aben, les prix de l'abonnement à l'année des loges de balcon, des loges ou baignoires d'avant-scène et de pourtour.

Loges de balcon (6 places). 1.080
Le doublement de cette loge étant autorisé par le cahier des charges, il s'ensuit que le directeur est tenu de donner l'accès du Théâtre et de ladite loge à douze personnes au lieu de six.

Chaque place donc représente le douzième de
1.080 francs, soit par personne....... 90
Mais en déduisant de ce prix les deux dixièmes dont nous avons parlé, et qui s'élèvent à
18 francs................. 18

Nous sommes en présence d'un chiffre net
de 72
En déduisant encore le droit d'auteur qui est
de 6 0/0 et qui donne....... .... 4 32

Il nous reste net cette fois 67 68

La moyenne des représentations données aux abonnés de cette catégorie étant de *cent* pendant les six mois d'exploitation, il résulte que le directeur touche des abonnés placés dans ces conditions la somme de *soixante sept centimes et soixante huit dix millièmes* par représentation.

Inutile de pousser plus loin ; le prix des places de toutes les loges et baignoires étant basé sur les mêmes données.

Remarquons toutefois que l'amphithéâtre des secondes, des troisièmes et paradis sont taxés à un franc dix centimes par représentation et à soixante centimes.

L'augmentation que le Conseil municipal a voté dans sa séance du 7 mai et qui, d'après le *Réveil* de ce jour, a été fixée à 72 francs, nous paraît tout à fait illusoire.

Fesons du reste le même calcul que dessus en prenant pour base le prix récemment voté et qui est de. 11 52
et nous aurons pour le douzième............ 96
Ce douzième dépouillé des deux dixièmes sera de................................... 76 80
Ce dernier chiffre frappé du droit d'auteur sera enfin réduit pour la direction à......... 72 20

Soit *soixante douze centimes et vingt* dix millièmes par personne et par représentation.

Différence avec le prix précédent, *quatre centimes* et *cinquante-deux dix millièmes* par place et par représentation.

Avant de clore ces observations, exprimons notre surprise et nos regrets sur le silence absolu du cahier des charges à l'endroit de l'élément militaire.

Nos compatriotes de France sont plus gracieux et plus justes envers nos officiers et nos soldats, et si nous avions voix au chapitre, nous n'hésiterions pas à demander un tarif spécial et réduit pour ceux auxquels nous devons, en somme, la conquête et la possession paisible de notre belle et intéressante colonie.

Mercredi, 12 mai 1875.

Le *Réveil* d'hier, mardi, nous a fait connaître les principaux articles qui, sur le rapport de la Commission, ont été modifiés par le Conseil dans sa séance du 7 courant.

Le *Réveil* nous donne le texte de ces modifications.

Il est fâcheux que cette publication n'ait pas été précédée du rapport de la Commission, nous aurions pu nous éclairer sur les raisons majeures qui ont déterminé le Conseil à prendre des décisions si peu conformes aux vœux et aux désirs de ceux qui fréquentent assidûment le théâtre et qui, dans l'espace de six mois, versent dans la caisse directoriale le chiffre très-respectable de *cent cinquante mille francs*.

Les observations de MM. les abonnés, fidèlement transmises par leurs délégués à la Commission municipale, n'ont pas été, à ce qu'il paraît, d'un grand poids aux yeux de la sus-dite Commission.

Tout cela est profondément regrettable et nous sommes réellement navré du résultat qui nous est communiqué par l'entremise du *Réveil*.

Nous protestons énergiquement contre les décisions du Conseil parce qu'elles sont pour nous la continuation forcée et inévitable de la décadence de notre scène.

MM. les abonnés qui comprennent parfaitement que le grand-opéra, le drame et l'opérette produisent seuls des recettes fructueuses n'ont pas hésité à voter l'obligation de *tous les genres*.

Certains d'entre eux pour lesquels la musique légère et gracieuse caresse plus agréablement l'oreille et satisfait entièrement le cœur et les yeux, ont renoncé loyalement à leurs préférences dans l'intérêt général.

L'art. 2 du nouveau cahier des charges n'exige pas le grand-opéra et l'opérette, ces deux genres sont laissés à la volonté du directeur, mais ils pourront être rendus obligatoires après la première année d'exploitation.

Pour éviter l'insertion d'une pareille clause, il suffisait d'examiner attentivement les résultats pécuniaires obtenus par chacun de ces genres.

Le Conseil sait très-bien où il pouvait recueillir des renseignements précis à cet égard et si les recherches nécessaires avaient été faites par la Commission, nul doute que le Conseil eut ratifié par un vote unanime les légitimes aspirations de MM. les abonnés.

On objectera peut-être que puisque le grand-opéra et l'opérette sont facultatifs, le Directeur aura le loisir de se débrouiller comme il l'entendra.

Il est clair que si les recettes de l'opéra-comique, de la comédie, du drame et du vaudeville, continuent à ne pas satisfaire les exigences de la Caisse directoriale, (et pour nous ce sera un fait certain) le Directeur, désireux de ne pas imiter ses prédécesseurs, aura recours au grand-opéra et à l'opérette.

Eh bien! n'en déplaise à ceux qui prétendent que nous prenons beaucoup trop à cœur l'intérêt des directions futures, nous affirmons que malgré tous ses efforts et sa bonne volonté, tout Directeur dont l'entreprise sera grevée du droit municipal et qui n'aura pour toute planche de salut que l'augmentation dérisoire dont nous avons démontré, hier, l'inutilité, sera la première victime de son zèle et de son désir de bien faire.

Il n'y aura rien de changé au fond, mais il y aura certainement un désastre de plus.

Toutes les expériences ont été faites et il est pénible de voir que, malgré les dures leçons dont nous avons été les témoins, le Conseil persiste à se maintenir dans une voie si pleine d'écueils et de dangers.

En présence d'une situation aussi déplorable et dont nous ne tarderons pas à subir les conséquences, il nous reste cependant encore quelque espoir.

Nous l'avons déjà dit, mais nous ne saurions trop le répéter.

Les 30,000 francs accordés, sans retenue aucune, par l'Etat, exige de la part de ses représentants une intervention directe et efficace.

D'un autre côté, l'autorité préfectorale, à l'approbation de laquelle toutes les décisions du Conseil doivent être soumises pour devenir définitives, ne saurait rester indifférente dans une question aussi grave.

Au nom de tous les intérêts majeurs qui se groupent autour de cette question, au nom de l'industrie, du commerce et de la classe ouvrière, au nom, enfin, de la prospérité future de la métropole qui doit, malgré tout, conserver son rang, sa dignité et sa suprématie, nous les adjurons d'examiner avec tout le soin et l'impartialité qu'ils réclament, tous les arguments, toutes les raisons que nous avons cru devoir invoquer pour obtenir une solution conforme aux aspirations de la grande majorité de nos concitoyens.

Terminons enfin ce long travail en félicitant le Conseil d'avoir maintenu la clause qui réserve à la municipalité le droit de fournir elle-même l'orchestre et les chœurs.

Il y a, au fond de cette idée, quelque chose qui mérite de fixer l'attention de tous nos administrateurs, mais quelques observations ne sont pas inutiles et nous les consignons ici pour qu'elles ne soient pas oubliées lorsque le moment de la mettre en pratique sera venu.

La première difficulté est celle qui consistera à former un noyau serré et compact de musiciens et choristes assez habiles et assez capables pour constituer ce que nous appellerons les assises, la fondation immuable des chœurs et de l'orchestre.

Il nous faut pour cela des solistes, des spécialistes, des gens du métier, en un mot, pouvant, par leurs talents et leurs connaissances, inspirer à nos jeunes algériens l'amour de la musique et le désir de devenir instrumentistes.

Ces éléments de première nécessité ne peuvent être recrutés que par les directeurs.

Ce recrutement, rendu beaucoup plus facile par l'engagement que prendra la municipalité d'assurer à ces artistes des émoluments raisonnables pendant la saison d'été, ne devra, toutefois, être fait qu'à la condition expresse que les musiciens et choristes engagés resteront pendant la saison théâtrale exclusivement employés et *soldés* par la Direction.

Nous soulignons le mot *soldés* parce que le paiement de l'orchestre et des chœurs par la municipalité pendant l'exploitation scénique, serait la cause inévitable de désagréments et d'obstacles incessants contre lesquels les directeurs doivent se prémunir et qu'il est inutile de signaler.

En agissant ainsi, les périodes d'hiver et d'été étant parfaitement distinctes, le char directorial marchera sans encombre et sans secousses, et la municipalité pourra recueillir immédiatement les fruits d'une discipline nécessaire et sagement appliquée par MM. les chefs d'orchestre et MM. les directeurs.

www.ingramcontent.com/pod-product-compliance
Lightning Source LLC
Chambersburg PA
CBHW062011070426
42451CB00008BA/631